AF267156

8° L48 b
3718

L'EUROPE

ET LA

CHAMBRE INTROUVABLE

20 NOVEMBRE 1815 — 5 SEPTEMBRE 1816

PAR

PIERRE RAIN

Extrait de la « Revue d'histoire diplomatique »

PARIS

TYPOGRAPHIE PLON-NOURRIT ET Cⁱᵉ

8, RUE GARANCIÈRE — 6ᵉ

—

1907

L'EUROPE

ET LA

CHAMBRE INTROUVABLE

20 NOVEMBRE 1815 — 5 SEPTEMBRE 1816

L'EUROPE

ET LA

CHAMBRE INTROUVABLE

20 NOVEMBRE 1815 — 5 SEPTEMBRE 1816

PAR

PIERRE RAIN

Extrait de la « Revue d'histoire diplomatique »

PARIS

TYPOGRAPHIE PLON-NOURRIT ET Cⁱᵉ

8, RUE GARANCIÈRE — 6ᵉ

1907

L'EUROPE

ET LA

CHAMBRE INTROUVABLE

20 NOVEMBRE 1815-5 SEPTEMBRE 1816

Un pays bouleversé par la Révolution la plus violente qu'on vit jamais, harassé, en même temps que surexcité par vingt-cinq ans de guerre qui aboutissaient, après la plus grande et la plus féerique des apothéoses, à la plus irrémédiable des ruines, délivré tout à coup d'un pouvoir absolu, se trouvant par là même en proie à l'anarchie, envahi par une foule de revenants accompagnés d'étrangers, également assoiffés de vengeances et de représailles, profondément divisé contre lui-même : telle était la France au lendemain de Waterloo.

L'Europe se rendit vite compte de cet état de désarroi et en profita. Les Bourbons en profitèrent également pour remonter sur le trône d'où ils avaient été renversés une seconde fois quelques mois plus tôt par une entreprise aussi brillante que hardie au milieu de l'apathie générale; et, comme aucune force ni matérielle ni morale ne subsistait en France pour y rétablir l'ordre et la paix, ce pays fut placé par le traité du 20 novembre 1815 sous la tutelle, sous la direction, sous la surveillance de l'Europe victorieuse.

La France se trouvait donc légalement, et pour tout le temps de l'occupation, matériellement et moralement prisonnière, matériellement, puisque les armées étrangères campaient à Paris et occupaient le tiers du territoire, moralement, puisque les ambassadeurs des quatre puissances alliées, réunis chaque semaine en conférence, pouvaient lui donner des conseils respectueux par l'intermédiaire du Président de la Conférence, le duc de Wellington, conseils qui venus de si haut n'étaient en fait que des ordres. Elle était moralement prisonnière surtout parce que ses vainqueurs seuls pouvaient en la protégeant, en la conseillant, lui permettre de franchir cette crise formidable et de triompher des intérêts, des passions, des haines des concitoyens entre eux. Jamais la France n'avait été plus divisée ; jamais l'avenir n'avait été aussi incertain ; il semblait qu'on n'était sorti des mains de fer de Napoléon que pour tomber dans les bras de l'anarchie la plus stérile et la plus inextricable. Il n'y avait qu'une digue possible à opposer à cette anarchie qui se répandait partout et qui étreignait le corps social tout entier, et cette digue c'était l'Europe avec ses soldats et ses diplomates. De cette prison la France devait sortir humiliée, mais victorieuse d'elle-même, et il n'est pas sans intérêt d'examiner comment l'Europe réussit à devenir la médiatrice et l'arbitre respectée des partis qui sans elle se seraient déchirés.

Le 20 novembre 1815, en même temps que le texte du traité de paix définitif, les ambassadeurs d'Angleterre, d'Autriche, de Prusse et de Russie, Stuart de Vincent, de Goltz et Pozzo di Borgo remirent au duc de Richelieu une note ainsi conçue :

Sa Majesté très Chrétienne a reconnu que dans un État déchiré pendant un quart de siècle par des convulsions révolutionnaires, ce n'est pas à la force seule à ramener le calme dans les esprits, la confiance dans les âmes et l'équilibre dans les différentes parties du corps social ; que la sagesse doit se joindre à la vigueur, la modération à la fermeté, pour opérer ces changements heureux. Les cabinets alliés savent que Sa Majesté opposera à tous les ennemis du bien public et de la tranquillité de son royaume, sous quelque forme qu'ils puissent se présenter, son attachement aux lois constitutionnelles promulguées sous ses propres auspices, sa volonté bien prononcée d'être le père de tous ses sujets sans distinction de classe ni de religion...[1].

Dans cette note habile se résume toute la politique des puissances : en prêtant au roi des principes qu'il n'applique pas, elles affirment leur volonté de surveiller l'attitude du prince et de son

[1] Pasquier, *Mémoires*, tome IV, p. 23.

entourage; elles donnent un premier avertissement aux *ultra*, que dirige le propre frère de Louis XVIII; elles veulent sauver la monarchie malgré elle. Et peut-être ces adversaires courtois, mais fermes, feront-ils un jour défaut au roi Charles X ! L'influence de l'empereur Alexandre n'aurait-elle pas pu en juillet 1830 ouvrir les yeux du Prince et de ses ministres, comme elle le fit en 1816 !

A dire vrai, les quatre souverains alliés n'étaient pas également désireux de s'occuper des affaires intérieures de France et il est fort à croire que la note ci-dessus n'avait été composée ni dans le cabinet du roi de Prusse ni dans celui du Prince de Metternich. Mais il y avait Wellington, qui représentait l'Angleterre, qui avait observé de près, l'année précédente, la politique intérieure des Bourbons, qui avait prévu qu'elle conduisait à une catastrophe, et qui maintenant voulait empêcher que pareil événement se reproduisît ; il y avait surtout l'empereur de Russie et son fidèle conseiller français, ambassadeur russe à Paris, le comte Pozzo di Borgo. Alexandre était alors en Europe ce que Napoléon avait été quelques années plus tôt : il régnait à Paris de juillet à octobre 1815, comme Napoléon à Erfurt en 1809, et si les démonstrations de politesse et de soumission étaient moins officielles et moins plates ici que là, elles n'en existaient pas moins, elles étaient d'autant plus sincères qu'elles étaient secrètes, et la prépondérance de cet arbitre, qui durant les premiers temps affecta de se tenir au second rang, ne s'en révéla que mieux. Elle éclata le jour où l'hostilité persistante du tsar contre le prince de Talleyrand eut été cause, en grande partie, de la démission de celui-ci. Il apparut alors clairement qu'on ne pouvait raisonnablement pas gouverner sans l'approbation tacite de l'empereur de Russie, et cela pour une raison immédiate et supérieure : une paix honorable pour la France ne pouvait être obtenue que par lui. Il n'avait eu garde d'intervenir en faveur de la France tant qu'elle était gouvernée par Talleyrand, son nouvel ennemi, le négociateur du traité du 3 janvier précédent; mais il ne tarda pas à lui obtenir des conditions qu'elle pût accepter non pas sans peine, mais du moins avec honneur, si tôt que les rênes du pouvoir furent confiées au Français qu'il connaissait le mieux, et dans lequel il pouvait avoir la confiance la plus méritée : le duc de Richelieu. L'ancien gouverneur d'Odessa se trouvait en effet, tant par ses goûts et ses idées personnelles que par un sentiment de reconnaissance bien naturel et par la force même des choses, non pas certes, ainsi que des calomniateurs l'ont dit, le serviteur de la Russie à la tête du gouvernement français, mais son allié fidèle dans la politique européenne. Il avait de plus les mêmes idées que l'empereur Alexandre sur les conditions de durée du gouvernement des Bourbons, et cette communauté d'idées ne fera que s'accentuer avec le temps. Metternich, qui fut souvent pour Alexandre un rival, dit de lui dans ses *Mémoires* : « D'après l'éducation qu'il avait reçue (celle de Laharpe) le rôle d'un prince philanthrope se présentait au tsar comme devant lui assurer une gloire certaine, une gloire facile à gagner. » Il y avait en effet dans l'empereur de Russie cet amour du beau rôle à jouer, du beau geste à faire que signale Metternich ; mais il y avait surtout en lui une conviction profonde, basée sur une expérience attentive, sur une connaissance assez étendue de l'esprit français de l'époque. Ce libéralisme éclairé qu'il réclamait pour la France n'était pas à ses yeux un système général, mais bien une nécessité relative, et s'il faut reconnaître, dans les sources de cette conviction, l'éducation de Laharpe, il faut non moins y proclamer l'influence de Pozzo di Borgo. Ce gentilhomme devenu aventurier, puis redevenu grand seigneur, cet ancien soldat improvisé diplomate, puis promu général, Corse d'origine, ce qui ne l'empêchait pas d'être le plus mortel ennemi de Napoléon et d'ailleurs une de ses victimes, avait parcouru l'Europe pendant la Révolution et l'Empire en quête d'une situation digne de lui, dans laquelle il pût déployer ces dons d'observation, faire briller cet esprit averti, mais présomptueux, fier de ses belles mains et de sa belle taille, qualités et défauts que Napoléon lui reconnaissait également. Il se trouvait déjà auprès d'Alexandre en 1807

quand l'alliance de Tilsitt le força à passer en Angleterre ; il y
connut les Bourbons, défendit leur cause auprès de l'empereur
de Russie, quand celui-ci l'eut rappelé auprès de lui en 1813, et
ne contribua pas peu à la faire triompher. Ce poste d'ambassadeur à Paris, que son maître lui confia en 1814, était une
récompense méritée. Pozzo di Borgo acquérait ainsi une place
prépondérante en France. Talleyrand, pour se rapprocher du
tsar, lui avait offert le portefeuille de l'Intérieur dans le cabinet
qu'il forma au lendemain de Waterloo ; il n'avait eu garde d'accepter, et avait préparé secrètement l'arrivée au pouvoir du duc
de Richelieu ; il savait que l'avènement de celui-ci assurerait tôt
ou tard le triomphe de ses idées, l'établissement au conseil du gouvernement, de son influence, c'est-à-dire de celle de son maître ;
et cette influence devait s'exercer à l'intérieur au profit d'une politique modérée, constitutionnelle, résolument hostile à toutes les
mesures de réaction et de violence, et par là même résolument hostile aux « ultra » qui formaient la majorité de la nouvelle Chambre.

Une lutte va donc s'engager peu à peu entre le duc de
Richelieu, d'une part, soutenu par les modérés, d'une façon
intermittente par le roi, par l'Europe enfin, mais surtout par
Pozzo di Borgo et l'empereur de Russie lui-même, et, d'autre
part, les ultra-royalistes à la tête desquels figurent les plus
grands noms de France, conduits à la bataille par le frère du roi,
la duchesse d'Angoulême et le duc de Berry, c'est-à-dire par la
Cour presque entière ; lutte de la raison contre la passion, de
l'apaisement contre la vengeance, lutte dont la France elle-
même peut devenir la victime, lutte intéressante tant par ses con-
séquences que par sa nouveauté et la qualité des combattants,
lutte courtoise au reste, demeurée presque constamment secrète,
au cours de laquelle les deux camps faiblissent tour à tour, et
qui se termine, pour reprendre d'ailleurs plus tard, par la
défaite des ultra le 5 septembre 1816.

Dès le 24 novembre 1815, Pozzo, entré depuis quelque temps
en campagne, rendait compte de ses débuts à Nesselrode du ton
léger et satisfait qui lui était personnel :

Tout est fini pour les autres et tout commence pour moi ; je suis à me tourner de tous côtés comme un chien piqué par des mouches. Il faut faire ma cour à Wellington, moi qui suis le moins courtisan des hommes. représenter au roi qu'il a besoin de fermeté, dire à son ministre qu'il ne convient pas de se décourager et de s'irriter, à Monsieur qu'il se perd avec les siens s'il ne change pas de système, aux Jacobins qu'ils sont des coquins. Les modérés sont les plus raisonnables, mais au milieu des extravagances de tous les partis ils n'ont d'influence sur aucun.

Encourager le ministre, fixer les hésitations du Roi, raisonner Monsieur, voilà une triple besogne qui ne manque pas d'intérêt, mais aussi de difficultés. On sait après quelles résistances Richelieu avait accepté le ministère ; ce duc et pair, loin de désirer le pouvoir, en avait peur. Au moment où ses compagnons d'exil, les émigrés, rentraient en France dans l'intention de reprendre leurs postes, leurs occupations, leurs propriétés, son désir le plus ardent était de retourner bien vite dans sa patrie d'adoption, la Nouvelle Russie qu'il avait organisée, développée, enrichie [1]. Il n'accepta le pouvoir que comme un fardeau, et à tout moment demandait d'en être déchargé. Il avait besoin pour se soutenir d'être convaincu qu'il faisait œuvre utile : c'est ce que Pozzo et Alexandre étaient presque seuls à lui répéter. Le Roi et Wellington étaient des soutiens moins solides ; Louis XVIII semblait sans doute autant que son ministre, autant que les représentants de l'Europe, convaincu de l'utilité qu'il y avait à user de modération dans la fermeté, de sagesse dans la vigueur ; mais il n'était pas décidé à l'imposer ; entouré de son frère, de sa nièce, de son neveu, il se contentait de calmer les uns et les autres, et de maintenir de son mieux l'unité dans son ministère et dans son entourage ; pénétré par-dessus tout de la hauteur de sa tâche et fier de son indépendance et de son rang, il craignait de faire preuve de faiblesse en cherchant à modérer le mouvement qui se dessinait, et plus encore à paraître obéir aux con-

---

[1] Voir sur l'état d'âme si curieux de Richelieu la *Revue d'Histoire diplomatique*, 1903, n° 2.

seils, quelque respectueux qu'ils fussent, de l'étranger, et s'il conservait malgré tout quelque défiance contre le duc de Richelieu, c'est parce qu'il regrettait qu'il lui eût été indiqué par un souverain en face duquel il affectait tant de morgue et de supériorité. Il faudra toute la persévérance et l'habileté de ce Decazes qu'il se flattait d'avoir découvert et qu'il appelait tendrement son fils, pour qu'il prît plus nettement parti pour son ministre contre son frère.

L'appui de Wellington fut aussi long à se préciser, et c'était naturel. L'arrivée au pouvoir de Richelieu, survenue de façon que l'on sait, ne pouvait pas avoir charmé les Anglais. « Le roi a fait preuve d'un défaut absolu de jugement, en congédiant ses conseillers dans de pareilles conjonctures », écrivait lord Liverpool au lendemain de l'événement. De même Castlereagh, encore à Paris à cette époque, et Wellington manifestèrent leur mauvaise humeur. Elle fut heureusement de courte durée ; Richelieu, Pozzo, Alexandre lui-même reconnurent que l'amitié de Wellington était indispensable ; le Roi, qui avait été froissé de l'enlèvement par trop brutal et humiliant des tableaux du Louvre, auquel le vainqueur de Waterloo lui-même avait présidé, réfléchit qu'après tout c'était à lui plus qu'à aucun autre qu'il devait son trône et ils se réconcilièrent : « Le roi l'a vu hier : l'explication a été heureuse. En se séparant le roi lui a donné la main ; le duc ayant voulu la baiser, le roi lui a dit : Permettez-moi d'en agir à la française, et l'a embrassé. » Peu à peu la première impression disparut ; la valeur éclatante du duc de Richelieu ne tarda pas à frapper les Anglais comme les autres ; ils reconnurent que, Talleyrand étant pour le moment impossible, personne n'était aussi digne de lui succéder : « Les relations du duc de Richelieu avec l'empereur de Russie, écrit Castlereagh peu avant le 20 novembre, et le fait que Pozzo di Borgo est fort avant dans tout ce qui se passe donne au cabinet une forte couleur russe et déjà on commence à l'attaquer sous ce rapport. Jusqu'à présent pourtant, malgré le ton de protection qu'affecte l'empereur Alexandre, et qu'il aime tant à prendre, je ne pense pas que nous ayons aucun motif de nous plaindre de la conduite de Sa Majesté par rapport à aucun point de la négociation. » Quelques jours plus tard, il ajoute : « Le duc de Richelieu est certainement un lien entre les deux pays... ; mais je crois que nous aurions tort de nous laisser entraîner par la jalousie que nous pourrions éprouver à affaiblir ce gouvernement. Le grand objet est de maintenir le Roi sur son trône; un système de modération est, je pense, le meilleur moyen d'y parvenir, et je ne crois pas que le duc veuille se jeter dans les extravagances, mais il y a de grandes difficultés à vaincre. Néanmoins, j'augure mieux de son avenir que je ne le faisais d'abord. »

Le commentaire de la note du 20 novembre est encore plus accentué dans une lettre de la même époque écrite par Wellington à lord Liverpool : « J'ai la conviction que le roi se soutiendra si ses courtisans et sa famille ne le forcent pas à prendre certaines mesures qui inquiéteraient les propriétaires de biens nationaux. » — « Le Roi, écrit-il encore, avec **de** la fermeté, une politique franche et droite et en contenant les royalistes, peut trouver, dans les hommes qu'a élevés la Révolution, de quoi former un parti capable de gouverner; mais du parti de la cour et des royalistes de haute volée, il ne peut tirer dans les conjonctures actuelles que faiblesse et confusion. » En principe Wellington est donc d'accord avec Pozzo di Borgo, Castlereagh avec Alexandre, mais en fait, l'intervention des Anglais auprès du ministre, comme auprès du roi, est moins constante et moins officielle, et cela parce que leurs rapports sont moins intimes avec Richelieu ; mais quand on sollicitera l'intervention de Wellington auprès du roi, on verra combien considérable est sa portée !

Au moment où le duc de Richelieu prend le pouvoir, l'anarchie règne encore presque sans partage. Qu'est-ce en effet que ces cours prévôtales que les royalistes exaltés viennent d'obtenir sinon des tribunaux d'exception, c'est-à-dire des tribunaux révolutionnaires. Il fallut toute l'énergie de Richelieu, toute la complaisance de Barbé-Marbois pour en enrayer les effets.

Cette tiédeur du ministre de la justice lui aurait d'ailleurs coûté son portefeuille, si l'ambassadeur de Russie n'avait pas usé pour la première fois de son influence pour le lui conserver :

J'ai lieu de croire. écrit-il[1], que ce renvoi avait été promis, puisque Monsieur m'en a parlé le soir du 23 comme d'une résolution arrêtée. Lui ayant demandé si le duc de Richelieu avait été consulté et la réponse étant négative, je n'ai pas manqué de lui observer que son intervention dans les affaires de l'Etat et les changements ministériels perdraient la monarchie et sa famille, et que je n'avais nul doute que le duc, blessé de cet affront et dans l'impossibilité d'exercer toute l'influence qui lui est nécessaire pour gouverner, prendrait la décision de les abandonner.

Cette démarche, et peut-être d'autres semblables, maintinrent le ministre de la justice à son poste et l'œuvre des cours prévôtales se continua, laissant partout l'inquiétude et la haine, attisant les divisions au lieu de les calmer. Dès le mois de novembre le duc d'Angoulême s'était rendu dans les départements du Midi, où les passions étaient particulièrement violentes, où les persécutions contre les protestants rappelaient les persécutions contre les catholiques de 1793. De tous les membres de la famille royale, c'était le plus éclairé et le plus libéral ; et pourtant, malgré ses bonnes intentions on pouvait craindre que sa présence ne produisît un effet contraire à celui qu'on se proposait. Pozzo crut devoir lui faire quelques recommandations. « Le duc de Richelieu et moi n'avons cessé de l'exhorter à tenir une conduite propre à lui concilier le respect et l'amour de tous les partis, et à s'abstenir principalement d'éclat envers les militaires qui désirent y avoir accès et se réconcilier avec lui. » Si le duc d'Angoulême partait dans le Midi pour prêcher le calme, sa femme, la fille de Louis XVI et de Marie-Antoinette, soutenait une cause toute contraire à la cour et dans les salons.

Le duc de Berry, second fils de Monsieur, était de même un des plus violents des ultra. C'était l'armée surtout qu'il prétendait diriger ; il se considérait comme le prince militaire de la famille, et encouragé par ses amis qui avaient tous arboré des uniformes de lieutenant-général ou de maréchal de camp [1], audace qui leur avait valu les grades correspondants, il ne doutait pas qu'il royaliserait l'armée à bref délai. Le moyen qu'il employait dans ce but était aussi inhabile qu'il était ridicule ; tout en accablant continuellement Napoléon sous son mépris, ses sarcasmes, ses injures, il affectait de l'imiter dans le ton familier qu'il prenait envers les soldats ; le maréchal de Castellane le compare non sans raison à un étudiant sorti du collège tout étourdi de sa liberté. Violent aussi bien dans ses actes que dans son langage, il dut être souvent rappelé à l'ordre par son oncle. C'est ainsi qu'un jour il déclara d'un air réjoui au maréchal Marmont : « On va faire la chasse aux maréchaux ; il faut en tuer au moins huit ! » Ce propos, répété avec indignation par le duc de Raguse au duc de Richelieu et à d'autres habitués de la cour, souleva un tel tumulte, que le roi en ayant eu connaissance, fit appeler le duc de Berry et lui dit : « Vous ferez chasser ma dynastie ; mais si vous continuez je vous renverrai de Paris. »

A ce moment d'ailleurs, la Terreur blanche aboutissait à l'acte le plus marquant de cette époque : la condamnation du maréchal Ney. Ce procès qui, dans la suite, a indigné les esprits est pourtant un des épisodes qui souleva sur le moment le moins de protestation ; tout le monde, tant à la cour, que dans le ministère, qu'en Europe, crut que le maréchal Ney était l'holocauste indispensable, en même temps que son procès était une preuve de force de la part du gouvernement. Rares furent les hommes politiques qui comprirent qu'un tel acte légitimait toutes les violences passées.

---

[1] « Voilà une armée bien arrangée, dit, à ce propos, Castellane dans son journal, il suffit maintenant de n'avoir rien fait pendant vingt-deux ans pour obtenir des grades, pour la raison que sans la Révolution ces Messieurs seraient lieutenants généraux, maréchaux de camp, etc.; mais s'ils avaient fait la guerre avec nous ils seraient moins nombreux. On se plaint du mauvais état de l'armée ; je la trouve, moi, très patiente de subir pareille chose. »

Dans la tribune de la Cour des Pairs où on jugeait le vainqueur d'Elchingen, le sauveur de la Grande Armée dans les plaines de Russie, on remarquait entre autres personnages célèbres le prince royal de Wurtemberg, le prince de Metternich, le comte de Goltz; ils venaient jouir du spectacle de la lutte du maréchal désarmé avec les ducs et pairs ses juges. Ceux-ci étaient plus troublés que l'accusé; le duc de Broglie, qui fut un des acteurs du drame, le seul d'ailleurs qui eut le courage de soutenir son opinion jusqu'au bout, raconte combien l'atmosphère était lourde, combien d'hommes terrorisés par je ne sais quelles craintes, quel prestige, ou quelles menaces votèrent là contre leur volonté; il dit combien vinrent à côté de lui, promettant de prendre la parole contre la peine de mort, et la votèrent quand même en silence, en baissant les yeux; combien de vieux soldats qui redressaient leur tête sur les champs de bataille, affrontant la mitraille ennemie, tremblaient là devant leurs nouveaux collègues, comme les « crapauds du marais », — car l'analogie est frappante — tremblaient devant Robespierre et le maudissaient tout bas, tout en le suivant.

Le duc de Broglie raconte même quelle impression pénible, la Cour des Pairs ressentit le jour où le duc de Richelieu « s'en vint comme un furieux, tenant en main un discours tout entier écrit par M. Lainé, et demandant justice au nom de l'Europe, sommant en quelque sorte la Chambre d'expédier le maréchal Ney, comme s'il s'agissait d'un simple projet de loi ».

Un fait reste indiscutable, et c'est celui-là qui nous intéresse particulièrement ici, c'est que cette mesure de rigueur, loin de trouver des critiques, ne trouva que des approbations et même des encouragements de la part des représentants de l'Europe, et de Pozzo di Borgo en particulier, et que le duc de Richelieu se trouva amené à prononcer, à la Chambre des Pairs, ce discours qui reste une tache sur sa mémoire, non seulement par la pression de la Cour mais encore de l'Europe. Mais alors que la première considérait la mort de Ney comme la continuation des mesures nécessaires, la seconde et Richelieu la considéraient comme la conclusion de la Terreur Blanche, après laquelle le calme et l'oubli devaient renaître.

J'ai cru devoir poursuivre le maréchal Ney, écrivait-il le 23 novembre à l'empereur Alexandre, avec une sorte de vivacité, d'abord à cause du droit de la justice qui doit avoir son cours, et puis pour donner au parti qui veut des châtiments une satisfaction qui lui est due; mais j'avoue à Votre Majesté que mon intention bien positive est de nous arrêter là; et d'engager le roi à donner une amnistie générale pour les crimes passés, se réservant de punir avec la plus grande sévérité à l'avenir toute tentative de trouble de l'ordre public. Si je parviens à faire adopter cette mesure, j'espère que la France presque entière se ralliera au Roi. Si par malheur l'Assemblée, égarée par des hommes passionnés et aveugles, la rejette, je serai bientôt après sur le chemin de Russie, car aucune puissance humaine ne peut me faire embrasser un système de persécutions et de vengeances qui doit faire couler des flots de sang et amener la perte de la France et de la famille royale.

Alors que les lois qui suspendaient la liberté individuelle, celle qui créait les cours prévôtales, celle qui punissait les discours et les écrits séditieux avaient été votées à une grosse majorité par les Chambres, après avoir été accueillies avec enthousiasme, le projet de loi sur l'amnistie que Richelieu déposa le 8 décembre, quelques heures après l'exécution du maréchal Ney, ne souleva tout d'abord que la stupéfaction, puis l'hostilité de la majorité de l'Assemblée. La Bourdonnaye présenta alors un projet d'amnistie qui n'était qu'une nouvelle liste de suspects.

Richelieu, tout occupé à ce moment des dernières négociations du traité de paix, s'était tu; il croyait l'occasion propice, après l'exécution de Labédoyère, après celle de Ney pour obtenir un vote de clémence : il se trompait; loin de calmer les ultra, ces condamnations, obtenues facilement, les encourageaient à en exiger d'autres; ils avaient pensé, dans le premier moment de colère qui avait suivi l'évasion de La Valette, à faire poursuivre sa femme qui l'avait remplacé dans sa prison; ils n'étaient donc en rien préparés aux mesures de clémence; Richelieu en fut désespéré : « Je me flattais que l'effroi salutaire qu'aurait répandu cet événement (l'exécution de Ney) ouvrirait les cœurs aux sentiments de clémence et que j'emporterais la loi sans aucune discussion ; j'avais trop présumé de mes forces, je n'avais pas assez calculé à quels hommes j'avais affaire[1]. »

Le calme est donc loin d'être rétabli quand l'année 1815 se termine ; l'opposition se tait impuissante, mais elle espère ; elle attend tout de l'avenir ; ces exagérations, ces persécutions font son jeu : « La queue de la Révolution, dit Pozzo, s'est concentrée dans l'orléanisme ; mais si le génie de la sottise ne se surpasse pas lui-même, ce germe de discorde sera étouffé durant la vie du Roi. »

Pour conclure sa longue correspondance du 30 décembre, Pozzo di Borgo recommande à l'empereur Alexandre d'écrire lui-même au Roi. Peut-être cette démarche faite avec habileté aura-t-elle de bons résultats ; on exhorterait le Prince à persévérer dans les principes de modération, à les accentuer si c'est possible, et surtout à gouverner seul avec ses ministres ; on aurait soin d'affecter une très grande confiance dans sa sagesse personnelle « les vérités ayant rarement réconcilié les hommes faibles » ; on ne craindrait pas enfin de lui rappeler une fois de plus les dangers que les passions de Monsieur et de quelques-uns des partisans peuvent faire courir au trône : la voix de l'Europe s'est assez prononcée à ce sujet.

« Il faut bien se persuader, en effet, que les ministres des autres puissances sont alarmés de voir quelque réunion monstrueusement ridicule succéder au ministère actuel et que, dans ce cas, *ils sont prêts à intervenir directement pour s'y opposer.* »

Rien ne rendra Monsieur et sa famille raisonnables, si ce n'est la peur, ajoutait-il : il faut produire la crainte, là où la raison cesse de persuader.

Le duc de Wellington, qui n'était pas moins inquiet que son collègue de Russie des prétentions de plus en plus exorbi-

[1] Richelieu à Alexandre.

tantes des *ultra* et persuadé comme lui que la voie où on entraînait le ministère ne pouvait que le conduire à sa perte, pensa à réconcilier le ministère et la Chambre par l'intermédiaire de l'ancien favori du roi, Blacas, qu'il avait contribué à écarter au mois de juillet précédent comme étant trop exalté et qu'il pensait maintenant à faire rappeler de Rome où il était ambassadeur ; les passions s'étaient si bien développées que les exagérés devenaient six mois plus tard des modérés ! Mais si Wellington n'avait pas d'arrière-pensée en demandent le retour de Blacas, quelques-uns de ceux qui avaient inspiré ce projet travaillaient pour eux-mêmes. Une lettre de Stuart à Castlereagh, écrite le 1ᵉʳ janvier 1816, montre quelle importance Talleyrand, qui était resté en relations particulières avec l'ambassadeur d'Angleterre, attachait à ce retour de l'ancien favori du roi, qui, selon lui, ne tarderait pas, loin de consolider la situation de Richelieu, à la saper définitivement, et la rentrée aux affaires de Talleyrand toujours si souhaitée des Anglais, et depuis quelque temps des ultra, devait suivre de près le retour de Blacas ; Richelieu et Pozzo comprirent bien cette conséquence, et aidés de Decazes, le nouveau favori, visé spécialement en cette affaire, n'eurent pas de peine à faire avorter la combinaison.

L'année 1816 s'ouvrit sur la discussion du projet d'amnistie du duc de Richelieu que la Chambre s'était finalement décidée à examiner. La discussion, pour n'avoir pas été longue, n'en fut pas moins animée et même violente. En effet, la commission chargée d'examiner le projet avait eu le temps de le modifier considérablement, et par ses amendements elle en arrivait à reproduire presque textuellement les termes du contre-projet de M. de La Bourdonnaye.

L'agitation des modérés fut telle à Paris, quand on apprit les prétentions de la commission, que le duc de Richelieu dut recourir à une mesure qui plus que tout autre coûta à son patriotisme ; il alla trouver le duc de Wellington, et lui demanda comme une faveur de retarder le mouvement des troupes étrangères qui devaient évacuer la capitale au début de l'année. Il prévoyait à quelles violences on allait se livrer, quelles menaces les *ultra* allaient proférer ; peut-être prévoyait-il aussi leur triomphe qui ne devait précéder que de quelques instants sa démission ; et il ne se croyait pas en droit de garantir l'ordre en pareille occurrence, si les troupes d'occupation avaient quitté Paris. Voilà à quelles extrémités les projets de la Chambre introuvable acculaient le premier ministre [1] !

La discussion générale dura du 2 au 5 janvier ; le rapporteur, Corbière, maintint ses amendements malgré les discours des ministres les plus ardents du cabinet tels que Vaublanc et du Bouchage, qui avaient soin de présenter le projet d'amnistie comme la réalisation des promesses contenues dans la déclaration de Cambrai et dans l'ordonnance du 24 juillet. La majorité semblait ne vouloir rien entendre : la justice devait reprendre son cours ; le crime devait cesser d'être inviolable ; les *ultra* considéraient comme seuls dignes d'amnistie, les auteurs des crimes commis dans le Midi contre les protestants de Vaucluse et du Gard, contre le maréchal Brune, les généraux Lagarde et Ramel [2].

Les ministres en appelèrent au Roi, espérant que les royalistes n'oseraient pas s'élever contre le nouvel avis de celui-ci ; et de fait dans une certaine mesure la tactique réussit : le duc de Richelieu accepta au nom du Roi quelques-unes des rigueurs proposées par la commission : on retirerait aux trente-huit individus proscrits par l'ordonnance du 24 juillet, leurs titres, leurs biens et leurs pensions ; on bannirait non seulement les proches parents de Bonaparte, mais tous les membres de sa famille ; on confisquerait leurs biens. Moyennant cette concession accordée en temps opportun, grâce aussi à d'actives démarches faites secrètement auprès des membres de la majorité, le ministère réussit à faire passer les cinq premiers articles de son projet, et à faire repousser à quelques voix près les amendements les

---

[1] Lorsqu'en février les troupes étrangères quittèrent définitivement Paris, le roi et le duc de Richelieu « exprimèrent à Wellington le désir anxieux qu'il conservât le quartier général à Paris » ; il n'y consentit pas, et s'engagea seulement à y revenir lui-même de temps en temps.

[2] Discours de M. Trinquelague, 5 janvier.

plus violents de la commission contre toutes les personnalités ayant exercé une fonction publique pendant les Cent-Jours. Le ministère, satisfait de cette double victoire et sentant qu'il ne fallait pas trop demander d'indulgence aux vainqueurs, ne fit pas d'opposition à l'amendement ordonnant le bannissement perpétuel des régicides, lequel fut alors voté à la presque unanimité. Richelieu, faisant contre fortune bon cœur et voyant tout l'intérêt qu'il y avait à terminer sans nouveau débat cette grave question, demanda à la Chambre des pairs d'adopter le texte voté par la Chambre des députés, ce qu'elle fit séance tenante le 9 janvier.

L'adoption du dernier amendement fut cause à Londres d'un incident caractéristique : les Anglais avaient déjà plusieurs mois plus tôt protesté avec vigueur contre les persécutions dans le Midi; le peuple et la bourgeoisie s'étaient même prononcés avec assez de force et de continuité pour que Castlereagh crût devoir en parler au marquis d'Osmond, ambassadeur de France, lui faisant remarquer comment ces persécutions presque officielles étaient en contradiction avec les promesses de paix et d'oubli du passé faites par le roi au moment de sa rentrée en France. Quelques mois plus tard certains députés ayant parlé de supprimer les traitements des ministres protestants, Richelieu dut démentir ce bruit; mais une certaine méfiance n'en subsista pas moins, et Osmond, rendant compte au président du Conseil de sa conversation avec lord Castlereagh, ajoutait : « A tort ou à raison la moindre nouvelle tentative contre les protestants nous ravirait l'appui de l'administration anglaise... Par bonheur le Parlement (anglais) n'était pas assemblé quand toutes les têtes se sont enflammées au récit des persécutions contre les protestants. »

Or, au lendemain du jour où la loi d'amnistie fut votée, la Cour d'Angleterre fit entendre de nouvelles protestations, plus fermes, et plus symboliques que les précédentes :

« La diversité des opinions dans votre famille royale multiplie singulièrement les chances défavorables. Nous voulons de concert avec l'Europe la Charte constitutionnelle, dit Castlereagh à Osmond »; et après lui avoir fait remarquer que l'article 7 de la loi d'amnistie était en opposition et en contradiction formelle avec l'ordonnance du 24 juillet (dont selon toute apparence l'Europe se prétendait également garante) il le pria de « lui fournir les moyens de *justifier* l'adoption que le roi avait faite de cet article ». Si réellement Castlereagh s'est servi de ce mot qu'Osmond emploie dans sa correspondance, il faut avouer qu'il est mieux que tout autre imaginé ; le ministre le reprend d'ailleurs dans sa réponse à son ambassadeur : « Vous avez fort bien jugé que la contradiction qui existe entre l'article 7 de la loi d'amnistie et l'ordonnance du 24 juillet pouvait être complètement justifiée par la nécessité où se trouvait le Roi de céder à un vœu exprimé par les Chambres d'une manière à la fois si unanime et si touchante. Il était impossible à Sa Majesté de ne point déférer à une demande qui se liait ainsi au maintien de l'ordre et du repos général, et il est aisé de voir que s'il existe une contradiction apparente entre l'article 7 et l'ordonnance du 24 juillet, leurs dispositions toutefois se fondent sur les mêmes motifs. » Le Foreign-Office dut être satisfait : la justification était suffisante.

Les mesures de réaction se succédèrent d'une façon suivie durant les mois de janvier et de février, rencontrant une égale opposition auprès des ambassadeurs et des souverains étrangers. Un des projets les plus extraordinaires qui ait été conçu par quelques-uns des plus notables parmi les *ultra* fut celui qui consistait à abolir l'article 5 de la Charte ; cet article, qui garantissait la liberté religieuse et une égale protection pour tous les cultes, était d'ailleurs suivi d'un autre qui reconnaissait la religion catholique, apostolique et romaine comme religion d'État. Même avec ce correctif, les *ultra* ne voyaient pas sans déplaisir l'affirmation de la liberté de conscience. C'est le ministre de l'intérieur lui-même, M. de Vaublanc, qui annonça ce projet à Pasquier, lequel raconte l'anecdote dans ses *Mémoires* ; tout en ne faisant pas partie de la majorité, les modérés comme de Serres, Royer-Collard, Lainé et Pasquier, exerçaient sur la Chambre une influence assez grande et d'ailleurs assez légitime pour que leur avis importât dès l'abord aux promoteurs d'une pareille proposition. Elle fut, comme bien on pense, repoussée unanimement par les modérés consultés, et sachant au reste que le Roi et le président du Conseil y étaient résolument hostiles, les promoteurs du projet crurent plus prudent de ne pas insister.

Au même moment, commençait à la Chambre une des discussions les plus longues, les plus confuses de cette session sur un projet de loi électoral; émané de l'initiative ministérielle et déposé en décembre 1815, il avait été comme le projet d'amnistie examiné par une commission qui l'avait considérablement remanié. Villèle en était le rapporteur; il profita de cette circonstance pour commencer ses attaques contre le ministère et sa politique. Depuis quelque temps le duc de Richelieu, de plus en plus découragé, refusait de prendre la parole à la Chambre; il savait qu'il n'influerait pas sur la majorité; combattu d'ailleurs plus ou moins ouvertement par son ministre de l'intérieur, il n'était pas mécontent de montrer l'insuffisance de celui-ci.

Cet état d'anarchie parlementaire n'échappait pas plus aux représentants de la Russie qu'à ceux de l'Angleterre. Le 7 février, Nesselrode avait de nouveau encouragé Pozzo di Borgo à s'élever contre l'influence inconstitutionnelle prise par le frère du Roi dans toutes les questions politiques et administratives. Le ministre de l'intérieur ayant quelque temps auparavant donné à Monsieur la direction générale, matérielle et non plus seulement honoraire, des gardes nationaux de France, Nesselrode vit là, non sans raison, un danger pour le ministère, et plus encore pour la sécurité même du pays, dont la direction d'une des forces militaires les plus effectives du moment échappait à la responsabilité ministérielle pour passer aux mains d'un prince du sang naturellement irresponsable et indépendant :

En appelant l'attention de la Cour et notamment celle de Monsieur, frère du Roi, sur l'opinion de l'Empereur, relativement à l'esprit inconstitutionnel qui préside aux actes du gouvernement, il est à espérer qu'on parviendra à soustraire l'administration actuelle à la funeste influence des courtisans de Son Altesse royale et de Mme la duchesse d'Angoulême.

Faites donc comprendre à Monsieur, une bonne fois, — ajoutait-il dans une lettre particulière, — que les puissances ne sont pas là pour soutenir ses sottises et pour le faire monter un jour sur le trône avec un système de réaction aussi insensé. Tout cela fait vraiment pitié. Quant au Roi, je vous avoue que je ne l'aurais jamais cru faible à ce point.

En même temps, Capo d'Istria, qui jouissait à Pétersbourg d'une autorité et d'une confiance égales à celle de Nesselrode, envoyait à Richelieu des consolations et des encouragements; il lui souhaitait d'être le plus tôt possible débarrassé de cette législature et il espérait « que celles qui viendront par la suite ne s'aviseraient plus de porter ouvertement la livrée d'un parti ».

Enfin, dans le courrier du même jour [1], l'empereur de Russie, autorisant son ambassadeur à procéder à la ratification des traités du 20 novembre, en profitait pour exprimer dans un rescrit officiel ses pensées sur la situation :

Il est pénible de le dire, la représentation nationale créée sous la direction du gouvernement s'est montrée, par ses intentions et par ses efforts, peu digne de sa mission. Tant que la force de la royauté ne sera point une et identique, tant qu'elle ne résultera pas uniquement de l'application invariable des principes de justice et de modération établis par la Charte constitutionnelle, comment espérer la réconciliation de la France avec elle-même, avec son gouvernement et avec les autres États? Je vous autorise par la présente à faire connaître dans les formes que vous jugerez le plus convenables à S. M. très chrétienne, à son ministère, ainsi qu'aux ministres des puissances alliées, mes opinions à cet égard.

Mais les avertissements de Pozzo firent peu d'effet, encore qu'ils semblent avoir été plus sérieux que les précédents : «Le Roi me parut profondément ému de la situation et frappé des vérités qu'il voyait maintenant provenir d'une autorité aussi auguste et aussi décisive ». Monsieur, auquel le Roi renvoya l'ambassadeur d'Alexandre, fit tête à l'orage; il répondit aux plaintes par des laintes : on se plaignait de Vaublanc, il se plaignit de Decazes,

[1] 6 février 1816.

de Barbé-Marbois et rien ne fut changé dans les pensées pas plus que dans les actes de l'héritier du trône : l'influence de celui que Mme de Staël appelle spirituellement le « soleil levant » continua à se faire sentir à la Chambre ; les discussions se poursuivirent aussi orageuses, aussi inutiles ; les projets de loi sans cesse remaniés contenaient autant de contradictions que d'articles : l'empereur Alexandre envoyait lettres sur lettres ; Nesselrode, s'emportant, écrivait en son nom à Richelieu : « Les discussions de la Chambre des députés sont vraiment révoltantes et présagent de grands malheurs. Nous envoyons à Pozzo tout ce qu'il faut pour parler ferme et clair [1]. »

Celui-ci n'avait pas attendu cette dernière recommandation ; il venait de combiner une démarche collective des représentants de l'Europe auprès de Louis XVIII, et il ne doutait pas de son effet. Il n'avait pas eu de peine, vu le trouble du moment, à effrayer ses collègues de la Conférence ; ils commençaient d'eux-mêmes à le devenir : Metternich déplorait cette constante incertitude ; il en rejetait d'ailleurs la responsabilité sur le gouvernement parlementaire, et demandait un acte de vigueur de la part du ministère. Wellington, plus au courant de la situation, reconnaissait que l'Europe seule pouvait arrêter cette politique, considérée unanimement comme grosse de périls, par une démarche quasi officielle auprès du Roi ; l'habileté de Pozzo fut précisément, sinon d'avoir suggéré, du moins d'avoir encouragé cette démarche, dont il calculait, à tort d'ailleurs comme nous le verrons, l'effet décisif, mais qui humilierait profondément le Roi, mécontenterait les *ultra*, peinerait même le duc de Richelieu en faveur de qui elle était tentée : faire faire la démarche par le représentant de l'Angleterre, c'était rejeter sur cette puissance l'impopularité qui fatalement s'ensuivrait : c'était de la meilleure diplomatie : « J'ai regardé l'association du duc de Wellington, — écrivit Pozzo, — et la mesure de le mettre en première ligne, non seulement comme utile au succès, mais comme éminemment convenable à

[1] 26 février.

notre situation ici ; c'était le seul moyen de ne pas trop compromettre l'autorité de notre auguste maître, que de se placer au second rang dans une démarche qui sera rappelée un jour, et qui quoique indispensable ne cessera jamais d'être odieuse. »

Et donc le 29 février, après que les ambassadeurs accrédités par les quatre grandes puissances se furent mis d'accord, le duc de Wellington envoya au roi Louis XVIII la lettre suivante, unique sans doute, dans les annales françaises :

Sire [1], il y a quelque temps que Votre Majesté m'a fait l'honneur de m'ordonner de lui écrire si je voyais que les affaires publiques exigeaient son attention dans un point de vue particulier, et je crois de mon devoir de le faire dans le moment actuel. Votre Majesté connaît les principes sur lesquels les puissances alliées ont bâti le système de l'occupation temporaire d'une partie de ses domaines et les instructions qu'elles m'ont données en quittant Paris et les responsabilités qu'elles m'ont imposées. Quoique j'envisage cette occupation comme mesure de paix, je ne peux m'empêcher de voir que d'un jour à l'autre il est possible que je me trouve dans le cas de mettre toute l'Europe une autre fois sous les armes ; et même si Votre Majesté ne me l'avait pas ordonné, il serait de mon devoir non seulement envers les puissances alliées, mais aussi envers Votre Majesté de l'avertir quand je crois que les circonstances tendent vers une nouvelle crise. Sire, les scènes qui se passent dans la Chambre des députés sont connues de tout le monde. Votre ministère, quoique possédant et méritant la confiance de Votre Majesté et celle de toute l'Europe, n'y a point d'influence, et il se trouve sur le point d'abandonner le budget dans lequel toute l'Europe est essentiellement intéressée, et de revenir sur les transactions de l'année passée, conformées en lois par le nom sacré de Votre Majesté, ou de quitter leurs emplois.

Je dois à la vérité et mon attachement à Votre Majesté, qu'il est notoire que la famille de Votre Majesté, que les personnes de la Cour et celle des princes, excitent dans la Chambre des députés une influence en opposition à celle de vos ministres, et à leurs vues pour la marche des affaires. J'ai déjà pris soin de faire savoir verbalement à Votre Majesté, combien l'exercice de cette influence était nuisible à ses affaires et à sa réputation de bonne foi et de loyauté, et combien il lui eût été facile, non seulement de la détruire, mais de la

---

[1] WELLINGTON, *Supplementares Despatches*, tome XI. p. 309.

tourner au profit des ministres par les moyens desquels Votre Majesté trouverait à propos de gouverner la France. *Le moment est venu où c'est absolument nécessaire pour Votre Majesté de se déclarer avec fermeté et de soutenir son ministère contre toute l'influence de la Cour, qui lui est actuellement le plus nuisible.* Par ces moyens qui non seulement sont parfaitement légitimes, mais nécessaires pour le maintien de l'autorité de Votre Majesté et son influence dans ses propres affaires, Votre Majesté mettra fin à l'état de choses qui a existé pendant les trois derniers mois, qui empire tous les jours, et duquel la crise s'approche.

L'importance de cette lettre réside, non pas tant dans la forme qui, quoique sèche, ne laisse pas d'être correcte, que dans le fond, et surtout dans la signature qui la termine. Wellington n'écrit pas en son nom personnel, il écrit au nom de l'Europe dont il est l'intermédiaire officiel, de l'Europe fatiguée de donner toujours en vain les mêmes conseils, de l'Europe qui, en garantissant la tranquillité de la France, prétend avant tout garantir sa propre tranquillité. De toutes les pièces citées ici, c'est évidemment celle-ci qui confirme le mieux la situation dans laquelle se trouve la France vis-à-vis des puissances.

Personne ne s'y trompa d'ailleurs parmi ceux qui en eurent alors connaissance; la lettre n'était pas faite seulement pour le Roi, elle était faite pour Monsieur, pour sa belle-fille, la duchesse d'Angoulême, qui y étaient clairement apostrophés :

J'ai cru devoir y dire la vérité avec franchise et sans ménagements, explique Wellington à Castlereagh, pour qu'elle fasse plus d'effet, et que, si cette démarche restait sans succès, nous puissions du moins nous rendre ce témoignage, que nous aurons rempli nos devoirs et fait tout ce qui pouvait dépendre de nous pour empêcher le mal. Je sais au reste que, si le Roi communique cette lettre à Monsieur et à la duchesse d'Angoulême, je serai honni plus que jamais à la Cour; mais cela m'est indifférent : j'ai plus à cœur le bien général que la considération personnelle qui peut m'être témoignée.

Il regretta si peu que sa lettre ait été communiquée à Monsieur, qu'il se rendit chez lui peu de jours après pour la développer. Ce n'était pas inutile, car si le Roi, conscient d'ailleurs du mal que faisaient à sa cause ses plus exaltés et ses plus proches parents, avait été ému de la démarche des ambassadeurs étrangers, son frère n'avait ressenti que de la colère ; aussi prit-il de haut Wellington quand il se présenta devant lui ; il affirma n'avoir aucune influence sur la Chambre et se désintéresser de ce qui s'y faisait ; Wellington le calma d'ailleurs, raconte Goltz dans son rapport, en lui offrant de lui montrer les preuves écrites de cette autorité qu'il niait aujourd'hui effrontément ; le frère du Roi, devenant alors plus conciliant, déclara qu'il ne nourrissait aucune haine ni aucun projet contre le duc de Richelieu, qu'il honorait plus qu'un autre son caractère et son talent, et qu'il en voulait seulement à Barbé-Marbois et à quelque autre ministre contre lesquels « la Chambre serait continuellement indisposée ».

Wellington se retira, persuadé avec raison qu'il n'avait pas produit une grande impression sur l'esprit du prince. L'orgueil incommensurable dont fit constamment preuve celui qui fut le plus ardent des émigrés, le plus remuant des princes héritiers, le plus tenace des rois, ne pouvait pas ne pas se redresser devant les sommations du genre de celles dont on l'entourait ; il est même à croire que cet orgueil ne fit qu'y trouver de nouvelles forces. De fait, la démarche du 29 février, dont on avait espéré tant de bien, ne changea rien à l'état des choses ; les mois de mars et d'avril furent remplis par des actes, des mesures encore plus extraordinaires que les précédentes. Richelieu écrivait quelques jours après, le 14 mars, à l'empereur Alexandre :

Je ne puis vous cacher que, loin de gagner du terrain dans la direction que nous avons cru devoir prendre, nous nous éloignons toujours plus du but, celui de rallier les esprits à l'autorité royale en éteignant les haines et en calmant les passions. Depuis l'époque de la loi d'amnistie, que j'avais crue propre à produire ces résultats, nous en voyons de tout contraires.

La réponse directe à la lettre de Wellington ne se fit pas attendre ; une grande déclaration de principes fut composée par quelques amis du comte d'Artois, sous sa direction personnelle, et envoyée au généralissime des armées alliées, avec la seule signature de Vitrolles, dont le rôle à cette époque, pour être secret, n'en était pas moins grand. Cette déclaration contenait la doctrine la plus entière de la résurrection de l'ancien régime. Certaines affirmations parurent à Wellington demander une réponse :

Que veut-on dire par ces mots : placer un mur d'airain entre le passé et l'avenir; ce n'est pas possible pour le gouvernement de placer un mur d'airain entre le passé et l'avenir de la France; ce n'est pas possible dans aucune des relations des individus les uns envers les autres; il faut expliquer ce qu'on veut dire par ce mur d'airain et par ces mots qui suivent : ainsi nous entendons que tous les intérêts créés par la Révolution et qui sont finis soient irrévocablement assurés? Cette pièce était d'un style bizarre : Quels sont les intérêts qui sont finis et qu'est-ce que des intérêts finis ? Que veut-on dire par ces mots : « Nous n'admettons plus dans l'avenir l'application des principes qui ont créé ces intérêts, et nous les regardons comme destructeurs de tout gouvernement ». Si on veut dire par là, ajoute Wellington, qu'on ne veut plus de confiscation ni de spoliation, on n'a qu'à s'en tenir à la Charte; elles sont abolies par cet instrument. Si on veut dire qu'on ne veut plus entendre parler des principes qui ont créé ces intérêts, en discutant des questions qui regardent ces intérêts et doivent nécessairement les régler eux et leur application, je réponds qu'on viole les promesses du Roi.

Les *ultra* passèrent outre à ces avertissements successifs et agirent : une ordonnance du ministre de l'intérieur bouleversa l'Institut; on organisa des commissions d'instruction primaire, qu'on mit sous la haute direction des curés de canton ; on proposa enfin de supprimer l'Université et de rendre à l'Église le monopole de l'enseignement, en même temps qu'on lui restituerait sa fortune territoriale, confisquée par la Révolution ; on aurait également soin de conclure avec le pape un nouveau Concordat : peu à peu toutes les mesures de la Révolution et de l'Empire seraient annulées avec le même dédain. L'ordonnance du 21 mars était prévue depuis longtemps; dès la première Restauration, l'abbé de Montesquiou, alors ministre de l'intérieur, avait préparé une refonte de l'Institut; les royalistes ne pouvaient, en effet, admettre que certains révolutionnaires notoires conservassent, grâce à leurs titres académiques, une relative impunité ; le retour de l'île d'Elbe empêcha le projet d'aboutir ; mais il fut remis sur pied au lendemain de la loi d'amnistie par M. de Vaublanc : c'est ainsi que d'un trait de la plume royale on priva l'Académie française de neuf de ses membres ; presque tous, il faut le dire, plus hommes politiques qu'hommes de lettres : Lebrun, Cambacérès, Sieyès, Regnault-de-Saint-Jean-d'Angély, Garat, Rœderer, le cardinal Maury et Étienne ; on lui imposa, pour leur succéder, neuf membres, dont le choix, à quelques exceptions près, fut d'ailleurs digne d'éloge : c'est ainsi que de Bonald, Lally-Tollendal, le duc de Richelieu, l'abbé de Montesquiou et Lainé devinrent membres de l'Académie française : la mesure, pour avoir été prise avec tact, n'en était pas moins violente et révolutionnaire ; on ne blâmait les pratiques despotiques de l'Empire que pour les imiter.

De même, et pour le même défaut d'origine, on épura l'Université, comme s'il s'agissait d'une simple administration préfectorale. De même encore, on suspendit, de façon détournée, l'inamovibilité de la magistrature, en donnant successivement aux tribunaux une nouvelle « institution » ; ce qui permit d'éliminer tous les juges qui s'étaient prononcés trop ouvertement pour l'Empereur. La discussion sur l'abolition du divorce fut courte, et les Chambres à la presque unanimité supprimèrent de nos lois cette disposition qui avait d'ailleurs rencontré à son apparition bien des critiques, et qui n'était passée dans le Code civil que par la volonté absolue de Napoléon. Au contraire de cette dernière, la discussion sur la restitution des biens du clergé souleva d'innombrables difficultés ; les *ultra* ne prétendaient rien moins que de faire rendre à l'Église les biens aliénés sous la Révolution et l'Empire ; et pareille mesure ne pouvait que déchaîner dans tout le pays une nouvelle tempête ; au surplus, elle était formellement contraire à la Charte et aux déclarations royales subséquentes, qui affirmaient l'une et l'autre que les acquéreurs de biens nationaux ne seraient pas inquiétés. L'Europe, qui se prétendait garante de la Charte et des libertés constitutionnelles, ne manqua pas d'intervenir par l'intermédiaire de ses deux porte-paroles habituels, Wellington et Pozzo di Borgo, et sur les instances de quelques députés, on se contenta de demander au ministère de préparer un projet de loi sur ce point, et à la Chambre d'en voter un autre reconnaissant aux établissements ecclésiastiques la faculté de recevoir des donations.

Le duc de Richelieu n'avait plus qu'un désir, c'était de voir se terminer le plus tôt possible la discussion du budget ; mais elle commençait à peine au mois de mars, constamment interrompue par les débats de la nouvelle loi électorale. Le ministère s'était prononcé pour le renouvellement partiel, par cinquième ; le duc de Richelieu tenait d'autant plus à l'adoption de ce principe, qu'il espérait, dès les prochaines élections, voir la majorité de la Chambre incliner vers le centre ; pour la même raison, la droite voulait le renouvellement intégral ; elle l'obtint, soutenue par la complicité tacite de Vaublanc, qui ne craignit pas de dire quelques semaines plus tard : « Tout ministre est libre d'avoir une opinion particulière sur les grandes pensées de la législation ; eh bien, je déclare que j'ai toujours été pour le renouvellement intégral. »

Le 6 mars, la Chambre votait l'ensemble de la loi ; le duc de Richelieu la savait inapplicable, pleine de contradictions ; aussi déclara-t-il à la Chambre des pairs que le roi se réservait de statuer ultérieurement sur les amendements adoptés par l'autre Chambre ; ce que voyant, les Pairs décidèrent de ne pas délibérer sur les articles, et rejetèrent le projet de loi. La Chambre avait passé trois mois à mettre sur pied un texte que les légistes, au premier examen, déclaraient inapplicable.

Par bonheur ses travaux tiraient à leur fin : Richelieu avait résolu de ne plus faire d'opposition aux projets de la majorité, se réservant de ne pas les soumettre à la Chambre des pairs ; c'est ainsi qu'une des mesures les plus nettement réactionnaires, ayant pour but de remettre les registres de l'état civil entre les mains du clergé, votée par la Chambre vers la fin de la session, ne fut point envoyée à l'autre Chambre et resta lettre morte; toute l'attention se fixait sur la discussion du budget qui intéressait également la France et l'Europe; Wellington avait eu soin de le faire remarquer le 29 février. Le comte Corvetto, ministre des finances fort habile, dirigea la discussion avec fermeté, obtint le vote de toutes les sommes que la France s'était engagée à payer aux alliés périodiquement, payement qui devait précéder une évacuation partielle des armées d'occupation; mais il dut, au dernier moment, pour acquérir de la droite le vote final, promettre de suspendre définitivement la vente des bois de l'État, qui avaient appartenu presque tous au clergé.

Après que la Chambre des pairs eut à son tour voté le budget presque sans discussion, le duc de Richelieu se hâta de clore la session législative le 29 avril 1816.

Ce fut un soupir de satisfaction générale dans tout le pays, dans toutes les chancelleries! Jamais Chambre, en aussi peu de temps, n'avait soulevé tant de haines, occasionné tant de troubles, fait preuve de tant de maladresses que la Chambre que Louis XVIII se félicitait d'avoir pu réunir le lendemain de son retour de Gand, et qu'il avait saluée du nom d'Introuvable! S'il est vrai qu'elle soutint les prérogatives parlementaires, qu'elle usa et abusa même du droit d'initiative et du droit d'amendement, elle ne se rendit pas compte qu'en attaquant ainsi le gouvernement, elle le désarmait, et désarmait par là même le Roi qu'elle voulait soutenir. Elle avait d'ailleurs une excuse : « Que peut-on attendre, disait Castellane, d'une Chambre composée d'émigrés qui n'ont jamais eu la moindre idée d'administration? »

Huit jours après la clôture de la session, le duc de Richelieu se débarrassa de son ministre de l'intérieur, qui n'avait cessé de le battre en brèche depuis quelque temps : « M. de Vaublanc, écrivait-il plus tard, était alors (au moment où il fut appelé au ministère) à Marseille! Plût à Dieu qu'il y fût resté; car il n'arriva que pour faire preuve de la nullité la plus complète, jointe à la plus intrépide vanité. » Se rendant tous les jours chez Monsieur, le ministre de l'intérieur s'y rencontrait avec les députés les plus hostiles au cabinet et y combinait avec eux la chute du ministre de la police ou de quelque autre ; on a vu comment à différentes reprises il s'était séparé en pleine séance de ses collègues ; son maintien aux affaires était impossible ; son départ était demandé depuis longtemps par Pozzo di Borgo ; le 7 mai, le *Moniteur* enregistrait la nomination de M. Lainé, président de la Chambre, au ministère de l'intérieur. Le choix de Richelieu était excellent ; Lainé n'était pas seulement un homme politique, calme et intelligent, c'était un homme d'expérience ; il avait fait preuve dans la précédente session d'une grande autorité ; plus qu'aucun autre il connaissait les rouages administratifs ; enfin sa popularité était grande dans la Chambre, où on lui savait gré de sa résistance à Napoléon en 1813 et de l'audace dont il n'avait pas craint de faire montre alors en réclamant la paix et la liberté. En même temps que de Vaublanc, et par esprit de compensation, Richelieu se sépara de Barbé-Marbois, si souvent attaqué par les *ultra*, et confia le portefeuille de la justice au chancelier Dambray.

Quelques jours après, le 10 mai, Richelieu, tout heureux des vacances parlementaires et des modifications qu'il venait d'introduire dans son cabinet, espérant de l'une et de l'autre un calme momentané, tint à remercier son ancien maître, l'empereur Alexandre, de l'appui qu'il lui avait donné de loin :

Le rescrit adressé au général Pozzo, l'usage énergique qu'il en a fait auprès du Roi, combiné avec la lettre du duc de Wellington nous ont rendu un peu de force dans le moment le plus critique. J'ose dire à Votre Majesté que c'était précisément ce qu'il fallait, et que de plus l'intervention étrangère nous aurait discrédité tout à fait, sans atteindre le but qu'on se serait proposé. Plus à même que personne de sentir combien la position où je me trouve est délicate, en ayant l'air de me faire trop appuyer au dehors, je risque de perdre tout crédit au dedans. Le général Pozzo m'a secondé autant qu'il était en son pouvoir, et je ne puis lui rendre auprès de Votre Majesté toute la justice qu'il mérite... Si nous sommes assez heureux pour refaire une France, c'est à Votre Majesté que nous le devrons, et unis avec Elle, nous assurerons pour longtemps le repos et le bonheur de l'Europe.

Malgré ces modifications ministérielles, l'avenir ne paraissait pas plus serein ; on pouvait espérer sans doute que les députés rentrés dans leurs provinces y acquerraient des notions plus claires sur l'état de la France et ses besoins, et en reviendraient plus pacifiques et plus calmes ; mais rien n'était moins sûr. A tout le moins l'avenir était incertain : à ce moment même la grande conspiration qui éclata à Grenoble jeta de nouveau le trouble dans le pays ; les agents du gouvernement grossirent le danger qu'on venait de courir comme à plaisir ; le général Donadieu, gouverneur de la ville, demanda du renfort à Paris, peignit l'émeute comme victorieuse, alors que sa victoire n'avait duré que quelques heures ; les paysans du Dauphiné crurent même que Napoléon II allait paraître. Les faux bruits à cette époque se répandaient d'ailleurs avec une rapidité incroyable et bien symptomatique du trouble des esprits ; les soldats étrangers campés en France se faisaient l'écho des rumeurs les plus étranges : Napoléon arrivait de Turquie avec 500,000 hommes ; les Russes allaient renverser le Roi ; l'empereur d'Autriche préparait le retour de son petit-fils ! Et les préfets inquiets communiquaient ces nouvelles au ministre de la police !

La conspiration de Grenoble fut cause de nouveaux procès militaires ; les cours prévôtales reprirent leurs exploits ; la clémence dont les conseils de guerre avaient fait preuve durant les mois précédents en acquittant Drouot, Cambronne, pendant que Louis XVIII avait commué les peines d'autres généraux, tels que Debelle, Travot, fit place à une nouvelle sévérité.

Nul doute que le trouble n'eût été plus grand, et les mesures réactionnaires plus nombreuses, si la Chambre s'était trouvée à ce moment encore en session. Aussi les ambassadeurs étrangers reparlèrent-ils de nouveau de l'importance qu'il y aurait à dissoudre cette Chambre, qui leur avait causé durant les mois précédents tant de crainte pour la paix de l'Europe et le rétablissement de l'autorité du Roi, qui avait d'ailleurs si mal accueilli les conseils qu'ils avaient cru nécessaire de leur donner. On a vu le peu d'effet que ces démarches avaient produit ; on jugeait donc inutile de les renouveler ; mais on ne prétendait pas moins se venger du mépris, dont les députés n'avaient pas craint de faire montre, dés conseils de l'Europe. C'est le gouvernement impérial de Russie qui, le premier, prononça le mot de dissolution ; Pozzo en parla dès le mois de mars au Roi, au duc de Richelieu et au duc de Wellington ; il ne trouva pas d'écho : « Le Roi s'est constamment refusé, écrit-il le 21 mars à Nesselrode, à dissoudre la Chambre ; sa famille s'y oppose encore davantage s'il est possible. Le duc de Richelieu n'ose pas prendre sur lui l'embarras d'une nouvelle élection intégrale... Le duc de Wellington, de son côté, pense qu'on ne peut pas faire une demande formelle de ce genre. » L'ambassadeur russe ne se tint pas pour battu, il fit ressortir à différentes reprises auprès des ministres et des autres ambassadeurs le danger des mesures que prenait l'Assemblée. Mais les oppositions subsistaient ; leur raison d'être en fut exposée dans une lettre de l'ambassadeur de Prusse, le comte de Goltz, à son ministre Hardemberg, qui, lui aussi, le pressait d'obtenir cette dissolution :

Je ne puis m'empêcher de reconnaître la force des raisons suivantes qui s'y opposent : 1° le Roi ne voudrait pas prendre sur lui de dissoudre une assemblée composée en majeure partie d'individus dont l'attachement à la cause de la souveraineté légitime n'a jamais été douteuse, et s'exposer à la voir remplacée par une Chambre dont les principes pourraient être bien dangereux dans un autre sens ; 2° le duc de Richelieu n'a pas encore la main assez forte et n'est pas assez soutenu par ses collègues pour être certain de l'influence qu'il pourrait exercer sur les nouvelles élections.

D'ailleurs, il ne fallait pas penser à cette dissolution avant que le budget ne fût voté ; aussi, un mois après sa première tentative, Pozzo di Borgo, dont la ténacité égalait l'habileté, reconnaissait qu'il n'avait guère avancé ; le roi y montre toujours de la répugnance ; Richelieu et Wellington considèrent la mesure comme trop hasardée. Cette crainte dans laquelle se trouvent le premier ministre et le roi lui-même, à savoir celle d'une réaction jacobine, prouve bien qu'ils se rendent compte l'un et l'autre du mal que la

Chambre introuvable a fait dans le pays ; si à une année de distance les élections doivent être si différentes, si les sentiments des électeurs ont, à ce point, varié, qu'ils sont prêts à voter contre le régime, si par conséquent celui-ci est moins solidement établi que l'année précédente, c'est bien évidemment à la Chambre qu'on le doit. Mais il semble que Richelieu préfère une opposition qu'il connaît à une autre qu'il peut craindre encore plus dangereuse ; grand seigneur, il souhaite toujours que la monarchie s'appuie sur la noblesse, sur les grands propriétaires ; il ne peut admettre que cette opposition soit de longue durée, puisqu'elle est si irrationnelle ; et par suite il ne veut rien faire, c'est lui-même qui l'avoua plus tard, qui puisse rendre irréconciliable un parti qu'il lui semble indispensable de rallier au gouvernement, si l'on veut établir quelque chose de solide. C'est le même raisonnement que fait Lainé ; l'ancien président de la Chambre, devenu son collègue, espère beaucoup des vacances parlementaires ; d'ailleurs l'administration préfectorale, par ses soins, adopte peu à peu une ligne de conduite plus modérée ; loin d'encourager les *ultra*, leurs mesures vexatoires contre les paysans, les protestants, les militaires, comme ils le faisaient naguère, les préfets ont l'ordre de prêcher la paix et la réconciliation nationale.

Dans le ministère pourtant le projet de dissolution a un adepte et non des moindres : c'est le comte Decazes, ministre de la police, favori du Roi ; en rapport constant avec Louis XVIII, qui l'appelle familièrement son fils, auprès duquel il passe seul à seul de nombreuses heures de la soirée, Decazes a sur le Roi une influence prépondérante ; or il n'est pas un grand seigneur ; il n'a pas émigré ; il a été successivement au service d'un frère et de la mère de Napoléon ; il amasse peu à peu sur sa tête les haines les plus violentes des courtisans, de Monsieur, de la duchesse d'Angoulême, du duc de Berry surtout ; il le sait et n'en a cure ; il flatte le roi et le distrait par toutes sortes de rapports secrets sur son entourage ; Louis XVIII apprend grâce à lui tout ce qu'on dit, tout ce qu'on pense de lui parmi ceux qui paraissent ses plus fidèles courtisans ; c'est lui seul qui obtient du souverain un acte d'énergie ; quoique inférieur par sa situation, par son nom, à Richelieu, son influence ne laisse donc pas d'être de beaucoup supérieure à celle du président du Conseil, qui sait au besoin s'en servir. Et donc, à partir du jour où les députés quittèrent Paris, Decazes et Pozzo di Borgo poursuivirent la même campagne l'un auprès du Roi, l'autre auprès du premier ministre avec une égale habileté, une égale diplomatie, une égale et inlassable persévérance, avec, en plus, à l'avantage de l'ambassadeur russe, l'incomparable autorité de son mandant. Qu'un Roi eût un ministre comme favori, c'est naturel ; qu'un président du conseil ait un ambassadeur étranger comme conseiller, comme « associé », c'est plus rare !

Au moment où la Chambre se sépara, c'est-à-dire à la fin d'avril, le duc de Richelieu, qui a remercié l'empereur Alexandre de l'appui qu'il lui a prêté, est toujours aussi opposé à recourir à de nouvelles élections. Alexandre, prévenu par son ambassadeur de cet état d'esprit, tente une nouvelle démarche personnelle, il écrit lui-même au duc :

Un seul moyen s'offre pour calmer toutes les inquiétudes et mettre un frein aux prétentions de tous les partis ; c'est de renouveler la Chambre des députés ou d'en neutraliser l'esprit, de manière à ce qu'elle soit inaccessible à toute influence étrangère aux intérêts réels de la Constitution. Il est digne de vous, Monsieur le Duc, de ne rien épargner pour amener ce résultat décisif et conserver au ministère la plénitude de son ascendant et de son crédit dans l'opinion publique[1].

Il semble que l'empereur de Russie ait plus de souci de l'ascendant et du crédit du ministère français que le premier ministre lui-même. Celui-ci lui répond, en effet, dans des termes à peu près analogues à ceux que Goltz employait quelques mois plus tôt :

Dans la position où se trouve la France, il est impossible de songer à dissoudre cette Chambre en en convoquant une nouvelle, car on

[1] 28 avril 1816.

rééliraii les mêmes députés, et alors on n'aurait rien gagné, ou l'on en réélirait dans un sens absolument opposé, ce qui serait bien plus dangereux encore.

Le parti de Richelieu de maintenir le *statu quo* semble donc bien arrêté, parce qu'il est basé sur la conviction profonde que recourir aux élections, c'est aller au-devant de l'inconnu, et d'un inconnu qui peut être fatal à la monarchie. C'est alors que l'empereur Alexandre fit faire à Nesselrode, à l'usage de son ambassadeur à Paris, un mémoire dont le ton reflétait la mauvaise humeur qu'inspirait à Saint-Pétersbourg la politique du cabinet français. Ce long document, très énergique, qui devait être communiqué à Richelieu, relatait toutes les fautes commises par la Chambre introuvable et les mesures qui avaient été prises contrairement aux « engagements » contractés tacitement par la France avec l'Europe par le traité du 20 novembre. Aux yeux de la chancellerie russe, ce traité avait pour but de « consolider l'ordre des choses par le maintien inviolable de l'autorité et la remise en vigueur de la Charte constitutionnelle ». Or, déclare le représentant de l'Empereur, la loi d'amnistie en exilant les régicides a entamé l'autorité royale qui s'était prononcée selon le testament de Louis XVI pour le pardon des jugements passés ; l'Europe voulait l'oubli général, et on semble avoir pris soin de cultiver tous les sujets de haine entre les Français, de sorte que « la France ne peut se réconcilier avec elle-même ». La Charte constitutionnelle établissait en principe que toute force administrative en France était confiée à un ministère responsable, et on a créé une administration spéciale de la garde nationale sous une direction « qui est soustraite à l'action immédiate des lois ». On avait garanti aux acquéreurs de biens nationaux la propriété de ces biens et on n'a cessé de les inquiéter, témoin ces discussions sur la destination des bois ayant appartenu au clergé.

Pour augmenter l'effet de ce réquisitoire, l'empereur de Russie eut à quelques jours de là une conversation intéressante avec le marquis de Noailles, ambassadeur de France à Pétersbourg ; ce n'était pas son habitude, car il tenait en général dans un certain éloignement cet homme jeune, que le prince de Talleyrand lui avait imposé l'année précédente, alors qu'il n'avait cessé de demander comme représentant de la France auprès de lui Caulaincourt, l'ancien ministre de Napoléon. Alexandre rejetait sur le neveu la haine qu'il avait voué depuis le congrès de Vienne à l'oncle. Il mêla dans cette conversation la flatterie à la menace :

Mon désir serait de délivrer promptement la France du joug de l'étranger, mais j'y trouve obstacle dans les observations qui me sont faites sur les agitations qu'on y remarque. Je me crois quelque droit, continua-t-il, de parler des affaires de France ; la tendance de la Chambre des députés est à la contre-révolution. Or l'Europe ne veut point que de nouvelles crises en France compromettent encore le repos de la chrétienté ; et la surveillance militaire n'est-elle pas la seule garantie que l'on puisse trouver contre ces mouvements intérieurs, que l'on ne veut pas et qui ne sont que trop probables dans un pays où on entreprend de détruire tout ce qui a été fait depuis vingt-cinq ans.

Voilà donc le dilemme que le gouvernement russe commence à poser avec netteté au gouvernement français : ou vous renverrez vos députés, ou nous laisserons en France tous nos soldats !

Cette dernière position de la question donna à réfléchir à Richelieu, dont les sentiments patriotiques primaient tous les autres, qui n'avait accepté le pouvoir que pour obtenir plus vite l'évacuation du territoire, qui supportait avec peine cette continuelle ingérence étrangère, tout en la jugeant fatale. Alors que les *ultra* pour faire triompher leurs principes ne craignaient pas de demander le maintien et plus tard le prolongement de l'occupation (ce que Capo d'Istria dénonçait à Noailles comme un crime de lèse-patrie), Richelieu cherchait tous les moyens d'en obtenir la diminution ; la Russie et les autres puissances à sa suite s'y refusaient, affirmant, non sans raison, que le pays était loin d'être pacifié. Richelieu savait que, malgré tout, l'autorité de l'étranger sur les députés demeurait considérable ; aussi, pour obtenir ce calme des membres les plus exaltés de la Chambre, prenait-il dès le mois de juin ses précautions, et, profitant de ses relations intimes avec les ministres russes, il écrivait à Capo d'Istria de donner d'ici la rentrée des Chambres des ordres pour intimider et convaincre si c'est possible les *ultra* et leurs chefs, « puisqu'il y a des personnes qui sont moins accessibles à la raison qu'à la crainte et qu'il faut sauver malgré elles » ; elles sauront ainsi à quels dangers elles s'exposent et n'employeront plus leur influence sur la Chambre que dans le sens du gouvernement du roi et non dans une opposition marquée avec lui. « C'est un service que vous nous rendrez après tant d'autres dont nous vous sommes redevables. » — Ce service, Pozzo di Borgo n'était pas disposé à le rendre ; plus que tout autre, plus que son maître même, autant que Decazes, il comprenait que les députés ne changeraient pas leurs maximes ni leurs façons d'agir, puisqu'ils ne l'avaient pas fait jusque-là et que ses ultimes conseils, ses menaces même ne produiraient pas plus d'effets que les précédents. Il essayait de trouver des moyens termes ; mais en vain. Richelieu lui-même, répondant à des questions, qu'il lui avait posées par écrit, reconnaissait le 21 juillet que le Roi ne devait pas s'attendre à trouver dans la Chambre des députés, telle qu'elle était alors composée, la déférence et l'impartialité nécessaires à la marche du gouvernement. Il reconnaissait également que le renouvellement du cinquième de la Chambre, ce à quoi on pensait à ce moment dans certains milieux, ne suffirait pas à changer l'esprit général de cette Chambre et n'offrirait pas au Roi des probabilités suffisantes pour assurer au gouvernement une « majorité impartiale ». Enfin, Richelieu ne croyait pas pouvoir, ainsi que le lui conseillait Pozzo faute de mieux, éliminer le nombre des députés supérieur à celui fixé par la Charte et élus en vertu de l'ordonnance du 13 juillet 1815. La conclusion de tous ces aveux s'imposait d'elle-même ; c'était celle que Pozzo une fois de plus proclamait : « Le Roi doit se décider à faire un coup d'État en dissolvant la Chambre des députés [1] »

---

[1] Coup d'État est un terme évidemment exagéré ici, puisque la Charte elle-même reconnaissait formellement au Roi, dans son article 50, le droit de dissoudre la Chambre.

Le duc de Richelieu reconnaissait bien finalement la logique de ce raisonnement; d'ailleurs, au commencement d'août, Decazes avait fini par convaincre le Roi de la nécessité de la dissolution, et Lainé lui-même, pressé de plusieurs côtés à la fois, se ralliait à cette mesure comme à un acte indispensable ; Wellington et les ambassadeurs alliés s'étaient peu à peu rangés à l'avis de leur collègue de Russie ; Richelieu, qui avait pourtant plus qu'eux tous souffert de la conduite de la Chambre introuvable, — sa correspondance en fait foi, — ne se décida qu'après tous les autres à recourir à la dissolution.

Le 13 août, le Roi fit part de sa décision au Conseil des ministres, en en recommandant le secret le plus absolu ; il est à croire qu'il fut bien gardé, puisque personne à la Cour ne s'en douta ; il semble même que les ambassadeurs et Wellington ignorèrent jusqu'au dernier moment la résolution du Roi.

Aussi, le 5 septembre, l'apparition de l'ordonnance dissolvant la Chambre des députés souleva-t-elle à la Cour la plus grande stupéfaction et la plus vive colère ! Non seulement les *ultra* étaient vaincus, mais leurs chefs étaient joués, puisque le Roi s'était méfié à ce point de son frère, qu'il l'avait tenu lui aussi à l'écart de tous ses projets ; leurs malédictions se portèrent avec plus de violence contre Decazes, qu'ils accusèrent plus que tous les autres de la conception et de l'exécution d'une mesure qui leur enlevait le pouvoir au moment même où ils escomptaient leurs triomphes futurs et où ils préparaient une fois de plus la chute du ministère.

La protestation la plus violente, mais aussi la plus éloquente contre la dissolution fut la brochure que Chateaubriand publia quelques jours après [1] sous ce titre : *la Monarchie selon la Charte* (que Benjamin Constant appelait spirituellement « la Charte selon l'aristocratie »). Le titre même se trouvait être une réponse directe au préambule si habile de l'ordonnance. Decazes, qui l'avait rédigé de concert avec Lainé et Pasquier, avait tenu en

[1] Et qui avait d'ailleurs été écrite presque entièrement avant l'ordonnance du 5 septembre.

effet à donner comme prétexte et même comme raison à la dissolution le désir du Roi de revenir à la stricte observation de la Charte : « Nous nous sommes convaincus que les besoins et les vœux de nos sujets se réunissaient pour conserver intacte la Charte constitutionnelle, base du droit public et garantie du repos général ; nous avons en conséquence jugé nécessaire de réduire la Chambre des députés au nombre déterminé par la Charte et de n'y appeler que les hommes de l'âge de quarante ans. » Talleyrand avait cru préférable, le 13 juillet précédent, pour obtenir plus sûrement des élections royalistes, d'abaisser l'âge d'éligibilité à vingt-cinq ans et d'augmenter le nombre des députés ; l'ordonnance du 5 septembre en revenait à l'âge et au chiffre fixés par la Charte.

Ainsi se terminait le règne de la Chambre introuvable et avec lui la lutte que le ministère, encouragé et parfois dirigé par les souverains de l'Europe, avait soutenue pendant une année presque entière avec elle. Si les *ultra* vaincus ne cachaient pas leur colère, le duc de Richelieu, Decazes et surtout Pozzo di Borgo vainqueurs ne dissimulèrent pas leur joie, et le président du Conseil, dans les lettres et les documents diplomatiques qui suivirent l'événement, ne chercha pas à renier l'appui que les ambassadeurs étrangers lui avaient fourni dans cette occasion.

Pendant que Pozzo di Borgo écrivait, le 7 septembre, une lettre enthousiaste à Nesselrode, constatant que l'apparition de l'ordonnance avait répandu la joie dans Paris et fait monter les fonds de 57 à 60 francs, Richelieu annonçait lui-même à l'empereur de Russie la dissolution et lui en faisait à son tour ressortir les avantages :

« Connaissant comme je le fais l'intérêt avec lequel Votre Majesté impériale veut bien suivre la marche des affaires de France, je ne voudrais pas qu'elle apprît par un autre que moi la résolution importante que le Roi vient de prendre et qui doit avoir l'influence la plus grande sur nos destinées à venir. »

Il commençait d'ailleurs dans cette même lettre une autre campagne qui fut plus longue et plus épineuse, tendant à obtenir l'évacuation du territoire français. Et il écrivait également à Wellington : « L'assentiment que vous avez bien voulu donner à ce plan, Monsieur le Duc, augmente ma confiance et j'espère voir par là consolidé l'ouvrage que vous avez si glorieusement accompli. »

Enfin, sans attendre davantage, à cette même date du 7 septembre, Richelieu envoyait à tous les agents diplomatiques de la France à l'étranger une circulaire qui reflète sous les voiles diplomatiques, mais non pourtant sans une certaine clarté, la véritable face des événements : « La dernière session de la Chambre des députés, y disait-il, a été accompagnée de circonstances que l'Europe n'a point envisagées sans inquiétude pour notre tranquillité intérieure et qui ont dû faire l'objet des plus sérieuses méditations du gouvernement de Sa Majesté. » Et, après avoir exposé avec une remarquable impartialité les bonnes intentions et les fautes politiques de la Chambre, qui n'eut que le tort d'être plus royaliste que le Roi, il concluait selon les principes tant de fois énoncés par les ambassadeurs étrangers :

« La nouvelle Chambre sentira qu'elle n'est appelée qu'à conserver et maintenir l'ordre de choses établi... Cette mesure, appréciée comme elle doit l'être, sera sans doute approuvée par les gouvernements qui prennent à la tranquillité de la France un véritable intérêt ! [1] »

---

[1] La plupart des pièces proviennent soit du ministère des Affaires étrangères ; soit, pour la Russie, de la *Correspondance diplomatique de Pozzo di Borgo*, publiée par Polowstoff, et, pour l'Angleterre, des *Dépêches de Wellington et de Castlereagh*, soit des plus considérables mémoires du temps.

PARIS

TYPOGRAPHIE PLON-NOURRIT ET Cie

8, RUE GARANCIÈRE